이광연 글

성균관대학교에서는 박사를, 미국 와이오밍 주립대학교에서는 박사후과정을 마친 뒤 아이오와대학교에서 방문교수를 지냈어요. 지금은 한서대학교 수학과 교수로 있으며, 중·고등학교 수학 교과서 집필에 참여했지요. 역사, 신화, 영화 등 다양한 분야에서 수학 원리를 끌어내는 글과 강연을 통해 수학이 우리 생활과 밀접하게 맞닿아 있음을 알려 왔어요. 지은 책으로는 《미술관에 간 수학자》, 《웃기는 수학이지 뭐야!》, 《밥상에 오른 수학》, 《신화 속 수학 이야기》, 《수학자들의 전쟁》, 《멋진 세상을 만든 수학》, 《이광연의 수학 블로그》, 《비하인드 수학파일》, 《이광연의 오늘의 수학》, 《시네마 수학》, 《수학, 인문으로 수를 읽다》, 《수학, 세계사를 만나다》 등이 있어요.

최향숙 글

고등학교 때까지는 수학을 엄청나게 싫어했어요. 하지만 대학에 와서, 수학책을 펴 들었어요. 논리적이고 체계적인 사고를 하고 싶은데, 수학 공부가 도움이 될 거라고 생각했거든요. 그때부터 심심할 때 수학 문제를 풀었고, 그러면서 수학이 좋아졌어요. 이 경험을 어린이들과 나누고 싶어서 수학을 접목한 동화도 기획하고 《눈높이 수학 학습 동화》와 같은 책을 썼어요. 《황당하지만 수학입니다》에도 참여하게 되었지요. 수학 분야 외에 기획하고 쓴 책으로는 《엉뚱하지만 과학입니다》, 《넥스트 레벨》 등의 시리즈와 《우글 와글 미생물을 찾아봐》, 《탄소제로 특공대 지구 똥구멍을 막아라》와 같은 단행본이 있어요.

마현주 그림

평범한 직장인으로 지내다가 마음이 이끄는 대로 갔더니 일러스트레이터이자 작가로 지내고 있어요. 덕분에 일상의 특별한 순간을 그림으로 기록하고, 일상의 미묘한 감정들과 함께하는 것을 좋아하게 됐답니다. 이 책에 그림을 그리는 동안 파이쌤과 주인공의 다채로운 일상을 함께 들여다볼 수 있어서 재미가 쏠쏠했습니다. 어린이 여러분도 재미있는 글과 그림으로 수학과 친해지길 바라요! 그린 책으로는 《내 몸이 궁금한 10대를 위한 호르몬 수업》이 있고, 2022 개정 교육과정 초·중·고등 교과서 본문 삽화 작업에도 참여했어요.

와이즈만 영재교육연구소 감수

창의 영재수학과 창의 영재과학 교재 및 프로그램을 개발했습니다. 구성주의 이론에 입각한 교수학습 이론과 창의성 이론 및 선진교육 이론 연구 등에도 전념하고 있습니다. 국내 최고의 사설 영재교육 기관인 와이즈만 영재교육에 교육 콘텐츠를 제공하고 교사 교육을 담당하고 있습니다.

황당하지만 수학입니다

7 나폴레옹이 수학 천재라고?

와이즈만 BOOKs

❼ 나폴레옹이 수학 천재라고?

1판 1쇄 인쇄 2024년 9월 5일 | 1판 1쇄 발행 2024년 9월 20일

글 이광연 최향숙 | 그림 마현주 | 감수 와이즈만 영재교육연구소
발행처 와이즈만 BOOKs | 발행인 염만숙 | 출판사업본부장 김현정 | 편집 이혜림 양다운 이지웅
기획·진행 CASA LIBRO | 디자인 포맷 SALT&PEPPER Communications
디자인 퍼플페이퍼 | 마케팅 강윤현 백미영 장하라

출판등록 1998년 7월 23일 제1998-000170 | 제조국 대한민국
주소 서울특별시 서초구 남부순환로 2219 나노빌딩 5층
전화 마케팅 02-2033-8987 | 편집 02-2033-8928 | 팩스 02-3474-1411
전자우편 books@askwhy.co.kr | 홈페이지 mindalive.co.kr | 사용 연령 8세 이상
ISBN 979-11-92936-49-9 74410 979-11-90744-79-9(세트)

ⓒ2024, 이광연 최향숙 마현주 CASA LIBRO
이 책의 저작권은 이광연, 최향숙, 김성연, CASA LIBRO에게 있습니다.
저자와 출판사의 허락 없이 내용의 일부를 인용하거나 발췌하는 것을 금합니다.

잘못된 책은 구입처에서 바꿔 드립니다.

와이즈만 BOOKs는 (주)창의와탐구의 출판 브랜드입니다.
KC마크는 이 제품이 공통안전기준에 적합하였음을 의미합니다.

황당하지만 수학입니다

❼ 나폴레옹이 수학 천재라고?

이광연·최향숙 글 | 마현주 그림
와이즈만 영재교육연구소 감수

수학
좋아하니?

'수학' 하면 벌써 머릿속이 하얗게 되고 진땀부터 난다고?
그런데 잠깐 생각해 보자. 여러분이 좋아하는 게임을 할 때
무턱대고 한다고 좋은 점수를 얻기 힘들잖아.
나름의 전략과 전술이 필요한데
그건 여러분을 진땀 나게 하는 수학과 관련이 깊어.
우리는 수학에 둘러싸여 살아가지만 정작 이것들이 수학인지
알지 못할 뿐이지.

여러분 머릿속에 떠오르는 많은 생각과 궁금증에 대한 답이
모두 수학이 기본이라면 믿어져?
'설마 이것도 수학이야?'라는 생각이 들 정도로
수학은 우리 주변에서 우리와 함께 살고 있어.
우리가 수학에 조금만 더 다가가고 이해한다면
세상을 바라보는 시야를 넓힐 수 있어.

무기와 전쟁 속 수학을 알아볼까?

그래서 이 책에서는 수학을 이용하면 쉽게 이해되는 여러 가지를 살펴보려고 해.
《황당하지만 수학입니다》 1~5권은 이그노벨상 수상자들의 연구를 수와 연산, 패턴, 규칙성과 함수, 통계, 도형과 측정 다섯 분야로 나누어 알아봤지. 지금부터는 우리 주변의 흥미로운 주제를 중심으로 황당하지만 재미있고 쉬운 수학 이야기를 풀어 보려고 해.

초등학생들이 가장 흥미로워하는 다섯 가지 주제를 뽑았지.
그 두 번째는 바로 '무기와 전쟁'이야. 여러분이 좋아하는 캡틴 아메리카의 방패는 왜 동그랄까? 어마어마하게 큰 배를 바다로 옮기려면 어떻게 해야 할까? 황제 나폴레옹과 간호사 나이팅게일은 왜 수학을 잘했을까? 비밀번호 같은 암호는 어떻게 전쟁을 승리로 이끌었을까? 어쩌면 여러분을 꼭 닮은 친구 '나'와 언제 어디서든 수학하는 '파이쌤'과 함께, 황당하지만 재미있고 쉬운 수학의 세계로 들어가 보자고.

차례

1 **우리 동네 캡틴의 무기는?** ·········· 9
   방패를 원 모양으로 만든 이유 ·········· 13

2 **멍 때리기 대회 준비하다
   로마까지?** ·········· 17
   로마 군단의 60진법 활용법 ·········· 21

3 **어마어마한 배를
   바다로 옮기려면?** ·········· 25
   군함과 지레, 그리고 반비례 ·········· 29

4 **이순신 장군
   동상의 높이는?** ·········· 33
   삼각형의 닮음을 이용한 대포 ·········· 37

5 **과일 가게 사장님의
   수박 쌓기 비법** ·········· 41
   케플러의 추측과 대포알 쌓기 ·········· 45

6 　나폴레옹이 수학 천재라고? ·························· 49
　　포탄 궤적도 놓치지 않은 나폴레옹 ············· 53

7 　누가 진짜 나이팅게일이야? ·························· 57
　　수학 잘하는 간호사 나이팅게일 ················· 61

8 　'에이'와 '에~~~~~이'의 차이 ···················· 65
　　모스 부호도 수학! ··································· 69

9 　우리 집 비밀번호 ······································ 73
　　2차 세계 대전은 암호 전쟁? ······················ 77

10 통계는 왜 내는 거야? ································· 81
　　전투기에 박힌 총알 자국과 통계 ················ 85

　　교과 연계가 궁금해요
　　용어가 궁금해요
　　이것도 수학이에요

주인공이 궁금해요

파이 쌤

먹는 파이도 아니고 와이파이도 아닌 무한소수 원주율 파이(π)처럼 **무한한 호기심을 가진 수학 덕후.** 수학이 있는 곳이라면 어디든 언제라도 떠날 수 있도록 늘 작은 캐리어를 끌고 다닌다.

나

누가 봐도 우리 동네 최고의 참견쟁이. 호기심 가득, 실행력은 으뜸! **솔직히 수학은 잘 못한다.**

1
우리 동네 캡틴의 무기는?

우리 동네에 커다란 쇼핑몰이 생겼는데,
핼러윈 데이를 맞아 '코스튬 이벤트'를 연대.

우주도 아영이도, 그리고 나도 이벤트를 준비했어.
"요즘은 유령도 재밌어야 해!"
우주는 유령이라면서 코밑에 콧물을 그려 넣었어.
아영이는 마녀처럼 코를 만들고는 백설 공주 옷을 입겠대.
"마법에 걸린 백설 공주야. 반전이지!"
"얘들아! 이벤트의 제목이 '우리 동네 캡틴을 찾아라!'잖아."
내 말에 아이들은 '아차!' 하는 눈빛이었어.
그러다 모두들 못마땅한 얼굴로 내 방패를 쳐다봤어.

내 방패 모양이 이상하다는 거야!
"캡틴 아메리카의 방패가 얼마나 많은데…….
이것도 캡틴 아메리카의 방패야!"
내 말에 우주가 피식 웃었어.
"캡틴 아메리카를 상징하는 건 둥근 방패야!
그러니까 캡틴 아메리카로 변신하려면
둥근 방패를 들어야 한다고."
"맞아! 너 혼자 안다고 캡틴 아메리카가 되냐?"

맞아! 캡틴 아메리카는 대부분 둥근 방패를 들고 있지…….

"아 진짜! 이 방패가 훨씬 멋있는데…….
왜 캡틴 아메리카는 둥근 방패를 주로 드는 걸까요?"
나는 파이쌤을 보자마자 툴툴거렸어.
아무리 생각해도 애들 말처럼 캡틴 아메리카가
되려면 둥근 방패를 들어야 할 것 같았거든.
내 말을 다 들은 쌤은 웃으며 말씀하셨어.
"캡틴 아메리카가 둥근 방패를 드는 이유라…….
오늘도 생각지도 못한 데서 수학을 찾겠는걸!"

방패를 원 모양으로 만든 이유

파이쌤이 알려 주마

방패는 적의 칼과 창, 화살을 막는 무기야.
무기 가운데 드물게 방어가 주목적이지.
인간은 수천 년 전인 선사 시대에도 방패를 사용했다고 해.
이런 방패의 모양은 다양해.
원형이나 타원형도 있고, 직사각형도 있어.

이처럼 방패는 다양한 모양으로 만들어졌어.

방패 모양이 달라지는 건
방패를 사용하는 상황이나 장소가 다르기 때문이야.
넓은 평원에서 쳐들어오는 적을
방어할 때 유리한 방패가 있고,
먼 길을 달려가 적을 쳐부숴야 할 때
편리한 방패가 있는 거지.

이렇게 멈춘 상태에서 적을
방어하기에는 직사각형이 좋아.

적을 향해 먼 길을
달려갈 때는 이 역삼각형이 좋아.
직사각형이면 다리에
방패가 걸리지 않겠어?

직사각형은
바닥이 평평해서
세우기 쉽고,
길어서 몸 전체를
보호할 수 있다고!

역삼각형은
끝이 뾰족해
적을 공격할 때도
쓸 수 있어!

그렇다면 원 모양 방패의 좋은 점은 뭘까?
무엇보다도 방패의 **무게중심**이
한가운데에 있다는 거야.
또한, 충격이 방패 전체로 **골고루 분산**돼.
덕분에 같은 강도의 충격을 주어도
다른 모양에 비해 원 모양 방패가 덜 망가지지.

헉, 방패가 끄떡없네!

이 방패는 원 모양이라 충격이 골고루 분산된다고!

원은 중심에서 원둘레까지의 길이가 같아서 충격도, 무게도 고루 분산되는 거야!

또 원 모양 방패는 다른 모양보다 다루기가 쉬워.
원은 충격뿐만 아니라 무게도 고루 분산되니까.
적당하게 가운데 부분을 잡으면 중심이 잡히지.
중심 잡기가 쉬우니 방패를 들고 움직이기도 쉽겠지?
게다가 **원은** 이 세상 모든 도형 가운데
둘레 대비 면적이 가장 넓은 도형이야.
따라서 같은 양의 재료로 만들 수 있는
가장 큰 방패가 원 모양이지.
캡틴 아메리카의 방패가 원 모양인 이유, 이제 알겠지?

2
멍 때리기 대회 준비하다 로마까지?

멍 때리기 대회에 나가기로 했어.
멍 때리기 대회가 뭐냐고?
해마다 5월, 우리 동네에서 열리는데
그냥 아무 생각 없이 멍~하게
오래 있는 사람이 승리하는 대회야.

"지금은 10씩 묶어서 수를 세는 10진법을 주로 쓰지만 60진법은 고대부터 많은 곳에 사용했어."
나는 다시 고개를 갸웃했어.
"왜요? 10진법이 쓰기 더 편하지 않아요?"
쌤은 고개를 끄덕이셨지.
"그렇지. 하지만 60진법이 10진법보다 편리할 때가 있어."

로마 군단의 60진법 활용법

고대 로마는 처음엔 작은 도시 국가였지만,
이탈리아반도를 통일하고 주변으로 세력을 확장했어.
이때 활약한 주인공이 바로 로마 군사들이야.
군사들은 전술 작전을 효율적으로 펼치기 위해
'군단'이라는 단위로 나뉘어졌어.
로마 군단의 가장 작은 단위를 '켄투리아(Centuria)'라고 했는데,
이는 '100'을 뜻하는 라틴어 '켄툼(Centume)'에서 온 말이지.

그런데 켄투리아는 꼭 100명으로 이루어지지 않았어. 특히 로마 초기, 켄투리아는 60명으로 구성되었지. 그러면 군사를 다양하게 나누어 전투를 수행할 수 있었거든.

이처럼 60은 여러 방법으로 딱 떨어지게 나눌 수 있어.

1×60 = 60   2×30 = 60
3×20 = 60   4×15 = 60
5×12 = 60   6×10 = 60

60은 1, 2, 3, 4, 5, 6, 10, 12, 15, 20, 30, 60으로 나누어떨어져. 이 수들을 60의 **약수**라고 해.

60진법을 이용하면 이처럼
다양한 방법으로 군사를 나눠 작전을 짤 수 있었어.
그 뒤 로마군은 '마니풀루스(manipulus)' 단위로 구성됐어.
마니풀루스는 120명, 즉 60명 + 60명이었지.
여전히 60진법을 활용한 거야.
이처럼 로마 군단이 한동안 60진법을 이용한 건
60이란 숫자가 그만큼 많은 약수를 가지고 있는
나누기 편리한 수였기 때문이야.

10은 1, 2, 5, 10으로만 나누어떨어지니까, 1, 2, 5, 10이 10의 약수예요?

1 x 10 = 10
2 x 5 = 10
3 x ? = 10
4 x ? = 10

오! 하나를 알려주니까 열을 아는데?

3
어마어마한 배를 바다로 옮기려면?

오늘은 파이쌤과 항구로 놀러 갔어.

쌤은 어마어마한 배들에 대해 말씀하셨어.
"축구장 4개가 들어가는 컨테이너선도 있고,
전투기가 뜨고 내릴 수 있는 항공 모함도 있는걸!"
내 턱은 떡 벌어져 다물어질 줄 몰랐어.
그런데 이런 생각이 드는 거야.
"그렇게 크면 무게도 엄청날 텐데
크고 무거운 배들을 어떻게 바다로 옮겨요?"
"우선 바다와 가까운 땅 위에 구덩이를 파는 거야.
배가 쏙 들어가고도 남을 정도로
엄청난 크기의 구덩이여야 해.
그리고 그 안에서 배를 다 만든 다음,
구덩이에 바닷물이 들어오지 못하게
막고 있던 수문을 여는 거야.
그러면 구덩이에 물이 차오르고
배는 열린 문을 지나 바다로 나아갈 수 있지."

쌤은 계속해서 옛날 방식도 알려 주셨어.
"그 이전에는 땅 위에서 만든 배를 바다로 옮길 때
기계를 이용했어.
우선, 공장에서 바다까지 이어진 레일을 설치했지.
그리고 레일 위에서 배를 만드는 거야.
완성된 배는 바퀴가 달린 지지대에 실려
마치 기차처럼 레일을 타고 바다까지 옮겨져."

"더 이전에는 배 아래 통나무를 깔고 굴려서 배를 바다까지 옮겼어."
쌤은 씨익 웃으며 말을 이으셨어.
"이때 **수학을 이용해서** 크고 무거운 배를 통나무 위로 올렸단다."
"수학을 이용했다고요?"

군함과 지레, 그리고 반비례

아르키메데스는 약 2300년 전 사람이야.
수학자이자 과학자인 아르키메데스는
수많은 발명품을 만들었어.
사람들은 아르키메데스를 그리스 사람으로 알고 있지만
정확히 말하면 그리스 변방, 시라쿠사 사람이야.
시라쿠사는 나날이 성장하는 로마로부터 늘 위협을 받았지.

아르키메데스는 많은 무기를 만들어 냈어.
당시로는 상상도 할 수 없이 큰 군함도 있었지.
아르키메데스는 *지레로 무거운 물건을 들어 올리려면
얼마만큼의 힘이 필요한지를 수학 공식으로 만들었어.

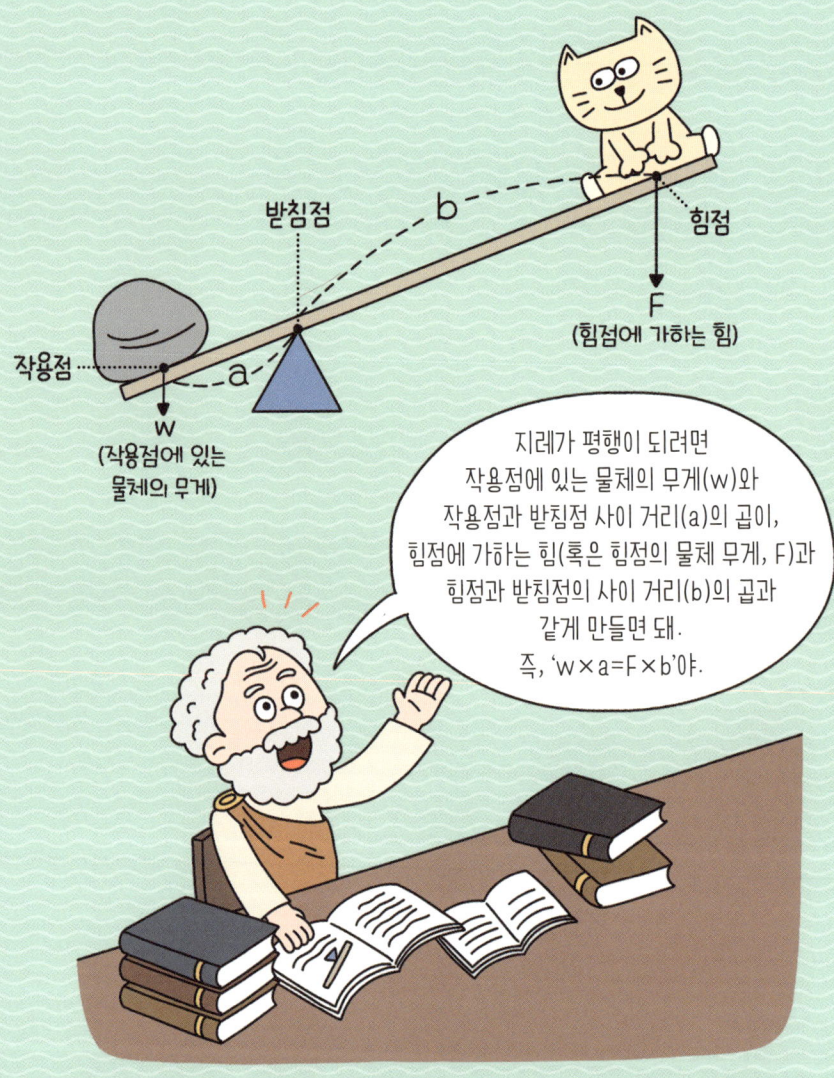

*책 마지막 장에서 더 자세한 정보를 확인해 보세요.

아르키메데스는 이 공식으로
군함을 들어 올리는 데 필요한 힘을 계산할 수 있었어.

받침점을 기준으로 지레의 양쪽 길이의 비가 1:10이면, 지레의 평행을 위해 힘점에서 필요한 힘(혹은 무게)은 $\frac{1}{10}$이 돼. 비가 1:20이면 힘은 $\frac{1}{20}$, 비가 1:30이면 힘은 $\frac{1}{30}$만 필요하지.

이처럼 한쪽의 양이 1배, 2배, 3배…… 가 될 때 다른 쪽의 양이 1배, $\frac{1}{2}$배, $\frac{1}{3}$배…… 가 되는 관계를 '**반비례**'라고 해.

아르키메데스는 지레의 반비례 원리를 발견해서 적은 힘으로 군함을 들어 통나무 위에 올리고, 바다에 띄울 수 있었던 거야.

4
이순신 장군 동상의 높이는?

쌤과 광화문에 갔어.
서점에 들러 책을 사고 나오는데
이순신 장군 동상이 딱 보이네!

그렇게 찍은 사진을 보고 있자니 궁금한 게 생겼어.
"쌤, 이순신 장군 동상은 얼마나 클까요?"
쌤이 고개를 갸웃하며 다시 물으셨어.
"얼마나 높냐는 뜻이야?"
나는 고개를 끄덕였지.
"네, 얼마나 높은지 궁금해요!"
쌤은 생긋 웃으셨어.
"이순신 장군과 딱 어울리는 질문이네!"

이순신 장군이 *왜구에게 쏜 대포 발사 거리를 예측한 방법으로 동상의 높이도 알 수 있거든.

정말요?

임진왜란은 1592년,
왜구(오늘날 일본)가 조선에 쳐들어와 일어난 전쟁이야.
처음에는 조선이 왜구에 밀렸지만
이순신 장군이 바다에서 승리하며 전세가 역전되었지!

화포를 발사하려면 목표물까지의 거리를 계산해야 해.
이때 **삼각형의 *닮음과 닮음비**를 이용했어.
두 도형이 일정한 비율로 축소, 확대된 것처럼
서로 모양이 같은 것을 '닮음'이라고 해.
이때 축소하거나 확대한 비율을 '닮음비'라고 하지.
아래 두 직각삼각형은 대응하는 각 두 쌍이 각각 90도, 30도로
크기가 같아. 삼각형 세 각 크기의 합은 180도니까,
나머지 각은 60도라는 사실을 알 수 있지.

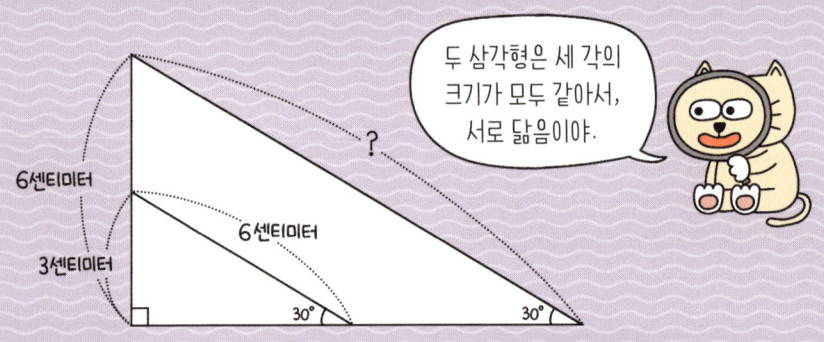

**닮음인 삼각형에서는 '닮음비'를 통해
모르는 변의 길이를 알아낼 수 있어.**
작은 직각삼각형 높이는 3센티미터,
큰 직각삼각형 높이는 6센티미터야.
두 삼각형의 높이 비가 3:6, 즉 닮음비는 1:2야.
두 삼각형이 닮음이라 높이의 비와 빗변의 비는 같아.
작은 직각삼각형의 빗변이 6센티미터니까
큰 직각삼각형 빗변은 그 두 배인 12센티미터가 돼.

이순신 장군과 조선의 수군들도
삼각형의 닮음비를 이용해 목표물까지의 거리를 예측했어.

거북선과 왜구 배 사이에 있는 섬 꼭대기에 5미터 길이의 막대를
설치하면 닮음인 직각삼각형 두 개가 생겨.
그러면 작은 직각삼각형과 큰 직각삼각형의 높이를 통해
두 삼각형의 닮음비를 찾을 수 있어.
작은 삼각형과 큰 삼각형 높이의 비는 5:20,
즉 닮음비는 1:4야.
작은 삼각형 밑변의 길이가 20미터니까,
적선까지의 거리는 그 4배인 80미터가 되는 거야.

삼각형은 **대응하는 세 변 길이의 비가 같을 때** 닮음이 돼.
그리고 **대응하는 두 변 길이의 비가 같고, 그 사이 낀 각의 크기가 같을 때**도 닮음이 되지.

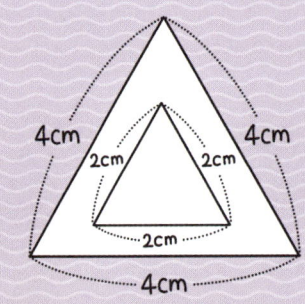

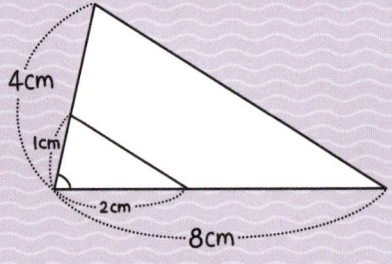

큰 삼각형과 작은 삼각형의 대응변 세 쌍의 비가 4:2=2:1로 우린 닮음이야.

두 쌍 대응변의 비가 1:4=2:8으로 같고, 그 사이 낀 각의 크기가 같으니 우린 닮음!

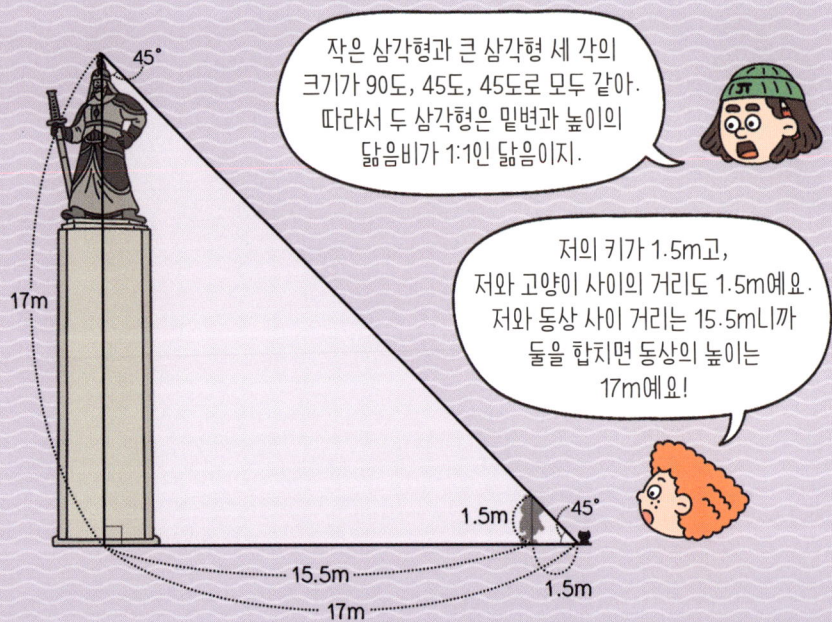

작은 삼각형과 큰 삼각형 세 각의 크기가 90도, 45도, 45도로 모두 같아. 따라서 두 삼각형은 밑변과 높이의 닮음비가 1:1인 닮음이지.

저의 키가 1.5m고, 저와 고양이 사이의 거리도 1.5m예요. 저와 동상 사이 거리는 15.5m니까 둘을 합치면 동상의 높이는 17m예요!

5
과일 가게 사장님의
수박 쌓기 비법

과일 가게 앞을 지날 때였어.
마침 수박이 가득 실린 트럭이 가게 앞에
멈추는 거야.

'저렇게 해야 많이 쌓는다고?'
내가 고개를 갸웃하고 있을 때였지.
"그래야 같은 면적에 더 많은 수박을 쌓을 수 있거든."
언제 오셨는지 파이쌤이 내 옆에 있네!
나는 반가운 마음에 활짝 웃으며 물었지.
"왜요?"

우리나라가 왜구와 임진왜란을 벌이던 즈음,
유럽의 여러 나라들은
오늘날의 미국, 브라질 등이 있는 아메리카로 가려고 했어.
그러려면 바닷길을 이용해야 했고,
바닷길을 두고 바다에서 전투를 벌이기도 했지.
당연히 배에는 함포와 포탄이 가득 실렸어.
어느 날 영국 선장 월터 롤리는 조수에게 이렇게 명령했어.

해리엇은 아래처럼 포탄을 쌓으면
가장 많이 쌓을 수 있을 것 같다고 생각했어.

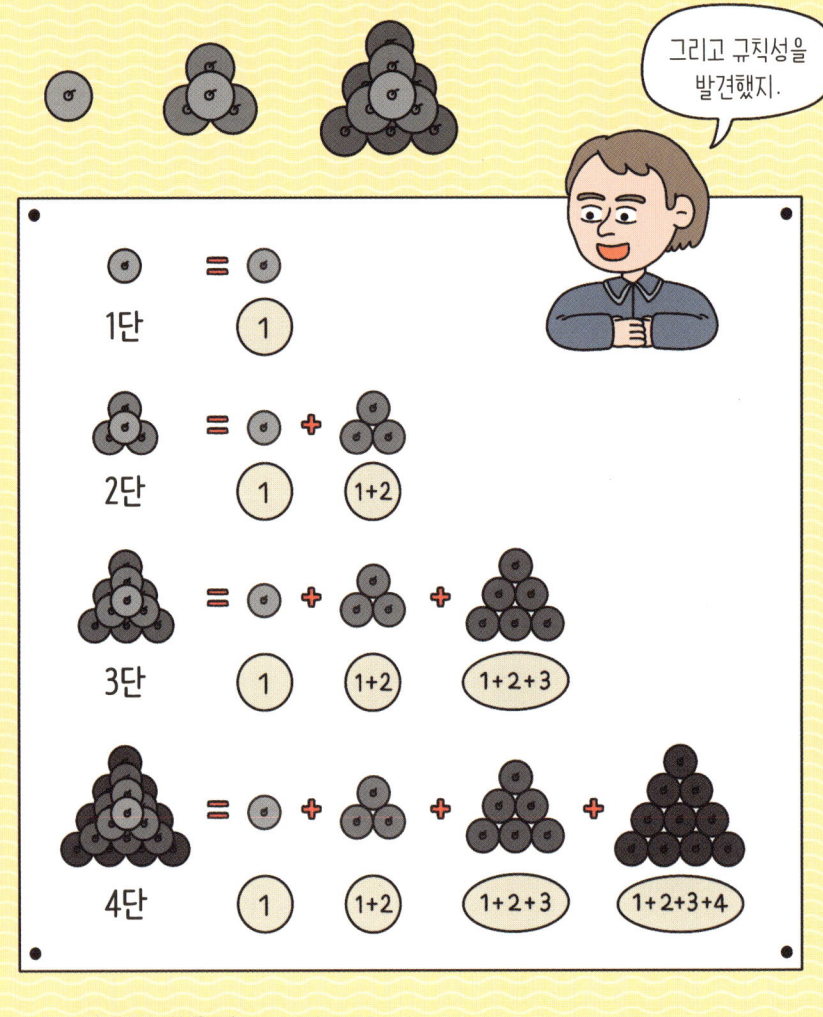

1단으로 쌓으면 1
2단으로 쌓으면 1+(1+2)
3단으로 쌓으면 1+(1+2)+(1+2+3)
4단으로 쌓으면 1+(1+2)+(1+2+3)+(1+2+3+4)
5단으로 쌓으면 1+(1+2)+(1+2+3)+(1+2+3+4)+(1+2+3+4+5)야!

규칙성을 발견하니 식도 세울 수 있었어.
하지만 확신이 서지 않았어. 그래서 유명한 수학자인
요하네스 케플러에게 편지를 써서 물었지.
케플러는 해리엇 의견에 동의한다고 답했어.

위 그림을 보면 오른쪽보다 왼쪽처럼 원을 배열할 때 빈 곳이 적어. 그래서 해리엇 말대로 하면 정해진 면적에 가장 많은 포탄을 쌓을 수 있다고 추측한 거지. 이러한 내용은 내 이름을 따서 '케플러의 추측'이라고 해.

많은 수학자가 케플러의 추측을 증명하려 했지. 하지만 400년 동안 증명을 못 하다가, 1998년에야 컴퓨터의 도움으로 증명했대.

그런데 과일 가게 사장님들은 경험으로 알았어!
수박이나 사과와 같은 공처럼 둥근 모양의 과일은
아래 그림처럼
삼각형이 되게 배열해야 많이 쌓을 수 있다는 걸!

6
나폴레옹이 수학 천재라고?

"나랑 미술 전시회 가자."
나는 고개를 가로저었어.
"싫어요. 전시회는 따분해요."
내 말을 못 들으셨나?
파이쌤은 기어이 내 손을 잡아끄셨어.

쌤을 따라오길 참 잘했어.
1800년대 유럽 화가들의 작품을 봤는데
정말 멋지더라고!
뭔가 불끈 솟는 듯한 힘이 느껴졌어.
작품 중에 내가 아는 반가운 인물도 발견했어.

"나폴레옹 황제죠?"

내 말에 쌤이 고개를 끄덕이셨어.

"맞아. 나폴레옹은 군사 학교를 나온 평범한 군인이었어. 하지만 나중에 프랑스의 황제가 되었지."

나는 그림을 다시 보며 말했어.

"원래 왕족이 아니었던 거예요?"

"응. 나폴레옹은 프랑스 변두리의 섬 출신이었어."

내가 비록 시골 출신에 말단 군인이지만 언젠가는 출세하고 말 거야!

"나폴레옹은 대단한 사람이었나 봐요!"
쌤은 그림을 다시 보며 대답하셨어.
"그럼! 대단한 군인이었지.
주변 나라들과의 전쟁에서 프랑스를 승리로 이끌면서
대중의 지지를 받아 황제까지 됐으니!"
쌤은 나를 쳐다보며 말을 이으셨어.
"그런데 나폴레옹이 수학을 잘했다는 거 알아?"

앞에서 조선 수군들이 삼각형의 닮음과 닮음비를 이용해 대포를 쏠 때 목표물까지의 거리를 계산한 걸 배웠잖아. 이번에는 나폴레옹이 포탄이 날아간 자취를 선으로 그린 **궤적을 통해 거리를 알아낸 방법**을 알아보자!

탄환은 처음에는 보라색 선처럼, 대포 몸통이 가리키는 방향으로 날아가지만 점차 땅으로 떨어져. 지구의 중력 때문이지. 이처럼 물체를 던졌을 때 나타나는 곡선의 궤적을 '포물선'이라고 해.

일반적으로 포물선은 **이차함수 그래프** 모양과 비슷해.

함수는 두 집합 사이에서
하나의 원소가 꼭 하나에만 대응하는 관계야.
가장 기초적인 함수인 **일차함수**는 아래와 같은 꼴로 나타내.

$y = x + 1$

함수에서 x, y는 정해진 숫자가 아닌 다양한 값으로 변하는 수 즉, '변수'를 말해. 초등수학에서는 □, ○로 쓰지.

이차함수는 $y = x^2 + 1$ 같은 형식으로 나타내.
x^2은 x를 2번 곱한다는 뜻이야.
그래서 **이차함수**인 거지.

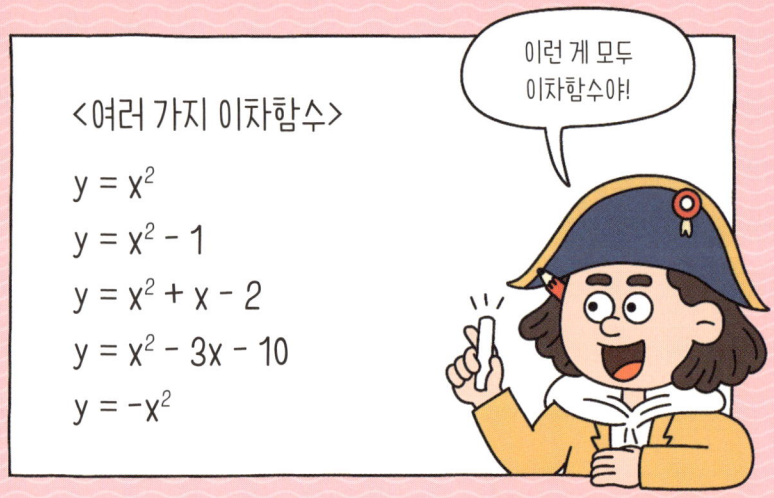

<여러 가지 이차함수>

$y = x^2$

$y = x^2 - 1$

$y = x^2 + x - 2$

$y = x^2 - 3x - 10$

$y = -x^2$

이런 게 모두 이차함수야!

함수는 *그래프로 나타낼 수 있는데
이차함수를 그래프로 나타내면 포물선이 그려져.
가장 기본적인 $y = x^2$ 그래프를 그려 볼까?

이 수들을 그래프에 점을 찍어 나타내면
아래처럼 그려져.

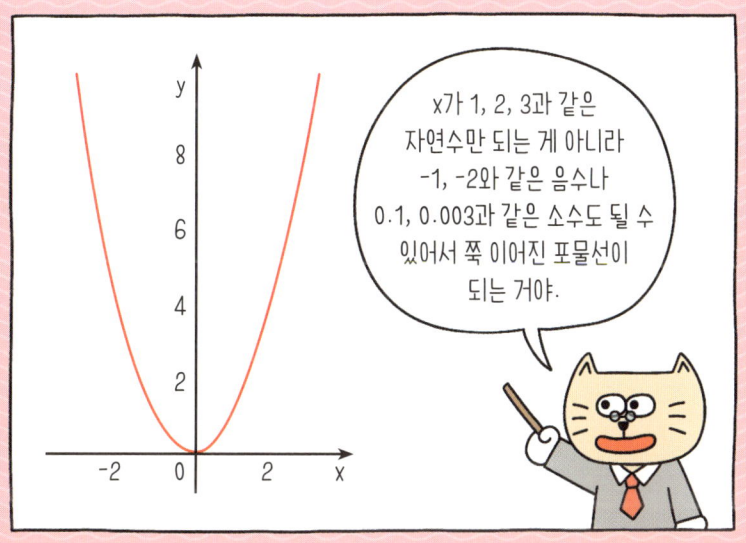

$y = x^2$ 그래프를 뒤집으면 $y = -x^2$의 그래프가 돼. 위로 볼록한 그래프가 되는 거야. 이를 대포 쏘기에 이용해 보자. 점 A에서 쏜 포탄이 B에 떨어졌다면, 탄환은 오른쪽 그래프와 비슷한 궤적을 그리며 떨어질 거야. 이때 포탄이 날아간 거리는 선분 AB의 길이지. 그래서 **이차함수와 그래프를 잘 알면 포탄 궤적과** 포탄이 도달할 수 있는 곳까지의 거리인 **사정거리를 구할 수 있어.**

7
누가 진짜 나이팅게일이야?

파이쌤 댁에 갔는데 쌤이 안 계셨어.
"이번 주는 쌤이 한 번도 안 놀아 주셨는데!"
나는 공원으로 쌤을 찾아 나섰어.
오늘처럼 날씨가 좋은 일요일이라면
쌤은 공원에 앉아 계실 게 분명했거든.

나는 쌤께 살금살금 다가갔어.
'깜짝 놀라시겠지?'
그런데…….

"아, 진짜! 하필 왜 여기 나뭇가지가 있어서…….''
내가 아쉬워하는데 쌤은 이렇게 말씀하셨어.
"나이팅게일 마루가 거기 있었네!"
나이팅게일 마루가 뭐지?

"나이팅게일 마루는 일본에서 만들었던 마루야.
옛날 일본에서는 많은 군사를 거느린
장군들끼리 싸우는 일이 많았어.
그러다 보니 적장을 몰래 죽이기 위해
암살자를 보내는 일도 잦았지.
그러자 한 장군이 자기 방으로 들어오는 마루를
일부러 삐걱거리도록 만들었어."

"와! 마루로 보안 장치를 만든 거네요!
그런데 왜 나이팅게일 마루예요?"
"서양 사람들이 그 마루가 내는 소리가
나이팅게일이라는 새 소리처럼 높다고 그렇게 불렀대."
나는 다시 고개를 갸웃했어.
"나이팅게일이 새예요?"
"우리나라에서는 밤꾀꼬리라고 불러."
나이팅게일에 대해 내가 너무 몰랐네!

수학 잘하는 간호사 나이팅게일

파이쌤이 알려 주마

나이팅게일은 영국 간호사야.
1853년 *크림 전쟁이 벌어지자, 전쟁터 안에 임시로
지어 놓은 병원에서 군사들을 치료했지.
이때 밤에도 등불을 들고 부상병들의 상태를 살펴서
'광명의 천사', '등불을 든 여인'으로 불렸어.
전쟁이 끝난 뒤에는 최초의 근대식 간호 학교를 설립해
간호사를 양성했지. 그래서 '현대 간호의 대모'로도 불러.

간호사들은 간호사로서의 책임과 의무를 다하겠다는 선서를 하는데, 이를 '나이팅게일 선서'라고 해.

그런데 나이팅게일은 어려서부터 간호 외에도
수학, 특히 **통계학**에 큰 관심을 보였어.
그리고 간호 업무에서도 수학적, 통계적 능력을 발휘했지.
예를 들어 군인들과 일반인들의 사망 수치를 모아 분석한 뒤
아래와 같은 **막대그래프**로 나타냈어.

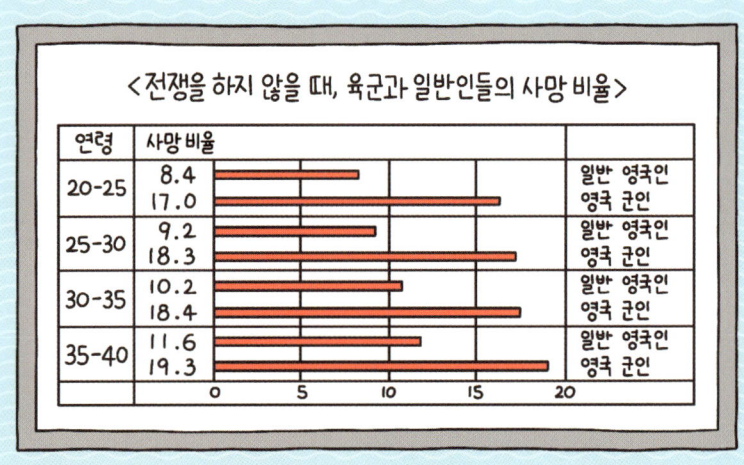

나이팅게일은 크림 전쟁이 한창이던 1854년부터
1856년까지, 병원에서 사망한 병사들의 사망 원인을 조사해
월별로 통계를 내고 그래프도 그렸어.
이 그래프를 보면 몇 월에 병사들이 가장 많이 죽었는지,
또 죽음의 원인이 무엇인지 한눈에 알 수 있어.
사망자가 많으면, 원그래프를 구성하는
부채꼴의 넓이가 커지니까.

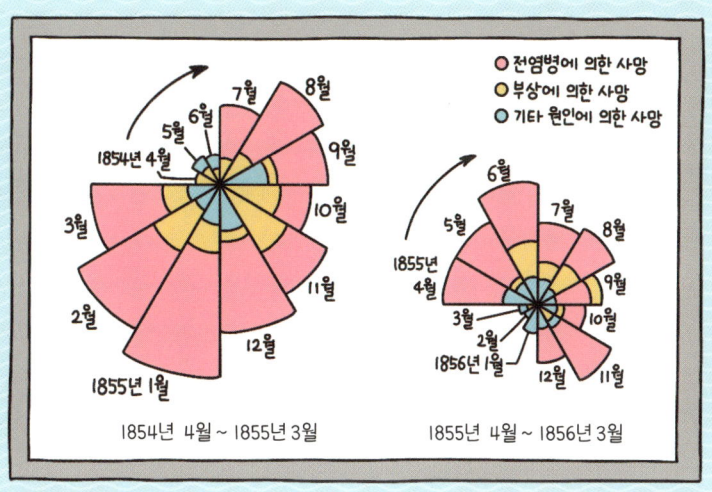

분홍색이 가장 넓다는 건
부상이 아니라, 전염병으로 죽은 군인이
가장 많다는 거군요!

맞습니다! 전염병을 미리 막았다면,
수많은 병사의 목숨을 살릴 수 있었습니다.
그러니 전염병을 막을 대책을 세워야 합니다!

나이팅게일은 수치를 기록해 통계를 내고
그것을 한눈에 알아볼 수 있게 그래프로 만들어서
당시 영국의 정치인들을 설득했어.
덕분에 군대와 병원의 영양과 위생 상태가 크게 개선되었고,
그 결과 사망자의 수가 크게 줄어들었지.
수학과는 특별한 관계가 없어 보이는 간호사가
수학을 이용해 수많은 군인의 목숨을 살린 거야!
수학의 힘이 얼마나 센지 알겠지?

8
'에이'와 '에~~~~~~이'의 차이

3반이랑 축구 시합을 하기로 했어.
나와 우주, 아영이는 '필승 전략'을 세웠지.

우리는 우리들만의 신호를 만들었어.
"여기 비었으니 패스해!"라고 할 때는 짧게!

"내가 슛을 날릴 테니, 공을 줘!"라고 할 때는 길게!

우리의 신호 작전은 완전한 성공이었어.

"그래서 우리 팀이 3:1로 이겼다니까요!"
파이쌤을 만나자마자 자랑했지.
그러면서 이렇게 덧붙였어.
"그리고 그건 다 저의 신호 작전 덕분이었다고요!"
쌤은 기특한 듯 고개를 끄덕이셨어.
"그러네! 네 신호 작전이 꼭 **모스 부호**를 닮았네!"
"모스 부호요?"

모스 부호(Morse Code)는
짧은 신호(점)와 긴 신호(선)를 적절히 조합하여
문자와 숫자 등을 나타내.
모스 부호를 사용하면 말이나 글이 아닌 전기 신호만으로도
원하는 사람에게 메시지를 전할 수 있어.
이런 모스 부호는 미국의 새뮤얼 핀리 브리즈 모스가 발명했지.

나라마다 자기 나라가 쓰는 문자를 모스 부호로 만들었어. 1888년에 우리나라도 한글 모스 부호를 만들어 사용했지.

알파벳

A	·−	N	−·
B	−···	O	−−−
C	−·−·	P	·−−·
D	−··	Q	−−·−
E	·	R	·−·
F	··−·	S	···
G	−−·	T	−
H	····	U	··−
I	··	V	···−
J	·−−−	W	·−−
K	−·−	X	−··−
L	·−··	Y	−·−−
M	−−	Z	−−··

숫자

1	·−−−−
2	··−−−
3	···−−
4	····−
5	·····
6	−····
7	−−···
8	−−−··
9	−−−−·
0	−−−−−

알파벳 하나에 부호 하나를 **일대일대응** 시켰어. 이때 많이 쓰는 글자일수록 가장 간단한 부호로 나타냈어. 그래야 쓰기 쉬우니까.

모스 부호로 'ONE'이라는 단어를 써 볼게.

이런 모스 부호를 본격적으로 쓰기 시작한 건
2차 세계 대전 때부터였어.
모두가 알고 있는 모스 부호를
자기들끼리 약속한 **규칙과 패턴을
이용해 변형**했지.
그런 다음 모스 부호를 주고받으면
적들 몰래 비밀 통신을 할 수 있으니까!

이처럼 모스 부호는 일대일대응을 이용해 만들었고
규칙과 패턴을 이용해 변형되어서
전쟁 중에 적군 몰래 우리끼리 정보를 주고받는
중요한 통신 방법이 됐어.
일대일대응, 규칙과 패턴은 모두 수학의 중요한 개념이지.
모스 부호의 탄생과 활용에 수학이 있었던 거야!

9
우리 집 비밀번호

학교 마치고 집에 돌아왔는데,
엄마가 현관문 앞에 서 있었어.
뭔가 깊은 고민에 잠긴 것처럼 보였지.

"엄마, 왜 그래요?"

"비밀번호를 바꾸려고 하는데 뭐가 좋을지 몰라서 말이야."

엄마는 비밀번호를 주기적으로 바꾸셨어.
현관 비밀번호는 물론, 은행 계좌 비밀번호
인터넷 사이트 비밀번호 등등.
비밀번호를 하도 바꿔 잊을 때도 있지만
비밀번호는 주기적으로 바꿔야 안전하니까!
그런데 엄마가 한숨을 쉬는 거야.
"이번에는 현관 비밀번호를 뭐로 바꾸지?"
우리 가족은 물론 할머니, 할아버지 생신에
엄마 아빠 결혼기념일까지 안 쓴 번호가 없었지.
그래서 내가 아이디어를 냈어.

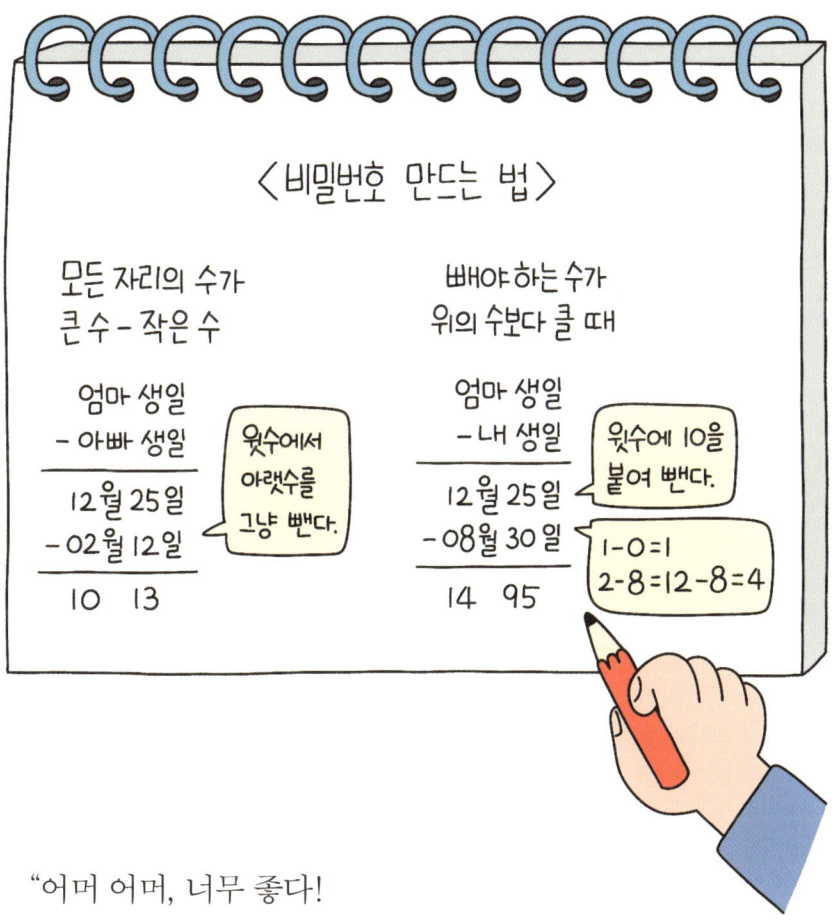

"어머 어머, 너무 좋다!
이렇게 비밀번호를 만들면
남들 앞에서 현관 비밀번호를 말할 때도 걱정 없네.
'엄마 생일 빼기 아빠 생일' 이렇게 말하면,
우리끼리만 알 수 있으니까!"
엄마는 신이 나서 현관 비밀번호를 새로 입력했어.
"네 아이디어로 만든 첫 현관 비밀번호는
네 생일 빼기 형 생일로 하자!"

"오! 멋진 암호 비밀번호네!"
파이쌤의 칭찬에 나는 더욱 어깨가 올라갔지.
"제가 생각해도 제가 참 이상하게 똑똑하다니까요!"
"그래, 그래! 그런 똑똑함은 전쟁에서도 꼭 필요하지."
나는 쌤이 놀리는 줄 알았어.
"에이, 거기까지는 아닌 것 같은데요."
하지만 쌤이 이렇게 말씀하시는 거야.
"아냐! 전쟁에서는 특히 그랬다니까!"

제2차 세계 대전 중에 히틀러의 독일군은 암호를 이용해
영국, 프랑스, 미국 등이 주축인 연합군에
막대한 피해를 줬어.
독일군은 에니그마(Enigma)라는 장치로 암호를 만들었는데
연합군이 그 암호를 해독하지 못했거든.
한마디로 암호 전쟁에서 연합군은 지고 있었고,
밀리는 상황이었지.

연합군 측에서는 독일의 암호를 해독하기 위하여
전문가를 동원했어.
그 가운데 영국의 수학자 **앨런 튜링**도 있었지.
앨런 튜링은 에니그마의 암호화 과정을 역으로 추적할 수 있는
'봄브(Bombe)'라는 이름의 암호 해독기를 개발했어.

봄브(Bombe)

봄브는 엄청나게 많은 양의 수식을 엄청나게 빠른 속도로 계산해 내는 일종의 계산기였어.

이 해독기 덕분에 연합군은 독일의 암호를 해독하고
더 나아가 자기들만의 암호를 생성해서
2차 세계 대전의 전세를 역전시킬 수 있었어.

그런데 암호 생성기나 해독기는 어떤 원리로
암호를 만들고 해독할까?
오래된 암호 가운데 가장 잘 알려진 방식은
암호화하고자 하는 내용을 알파벳별로 일정한 거리만큼 밀어서
다른 알파벳으로 대체하는 방식이야.
세 글자씩 밀어낸다면, a → d, b → e, c → f…… 이런 식이 되지.

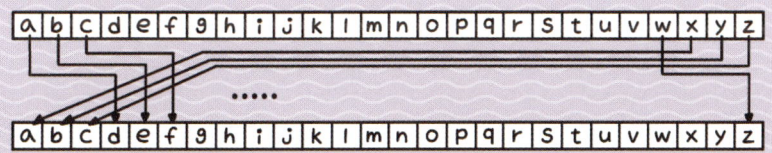

이런 방식으로 'come back home'을 암호화한다면,
알파벳을 순서대로 늘어놓은 뒤 세 글자씩 밀어내면 돼.

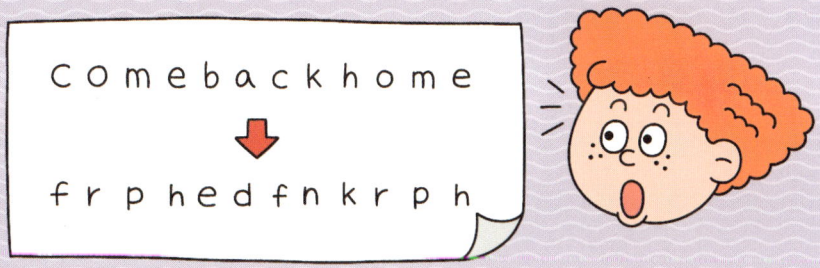

이 문장을 원래의 문장으로 바꾸기 위해서는
다시 앞으로 세 글자씩 당기면 되겠지?
이걸 '함수'로 나타낼 수 있어.

세 글자씩 밀어내는 것은 일차함수와 같아.
X에 어떤 값을 대입하면
원래 값보다 세 글자만큼 밀려서 나오잖아!
**에니그마나 봄브는 함수를 아주 복잡하게 만들고
그 복잡한 함수들을 엄청나게 빠르게 계산해 내는
수학적 장치**였던 거야.
훗날 사람들은 앨런 튜링의 봄브 덕분에
2차 세계 대전이 2년 빨리 끝날 수 있었다고 생각했어.
그리고 그 덕분에 1,400만 명의 목숨을 살릴 수 있었다고 해.

수학은 정말 문어발이에요!
관련이 없는 데가 없어!

좋은 뜻 같기도 하고,
아닌 것 같기도 하고…….

10
통계는 왜 내는  거야?

집에 돌아와 보니
처음 보는 손님이 와 계셨어.

엄마가 알지도 못하는 아줌마의 질문에 빠짐없이
그것도 성심성의껏 솔직하게 답하는 걸
나는 가만히 보고만 있을 수 없었어!
"엄마! 왜 알지도 못하는 분한테
우리 집에 대해 시시콜콜 다 말해 주는 거예요?
나한테는 모르는 사람과 함부로 이야기도 하지 말라더니!"

그런데 엄마는 아줌마가 가자마자 화를 내셨어.

"그렇게 엄마한테 꾸중을 들었다?"
내 말에 파이쌤이 웃으며 말씀하셨지.
"예의 없이 행동했다면 꾸중을 들어도 싸지."
나는 볼멘소리로 대답했어.
"이상한 사람이면 어떡해요?"
내 말에 쌤은 위로하듯 말씀하셨어.
"통계청에서 온 분인지 몰랐으니까!"

"어쨌든 지금 중요한 건 통계를 내는 질문에는
정확하고 솔직하게 대답해야 한다는 사실!
그래야 제대로 된 자료를 수집해서
쓸 수 있는 통계를 낼 수 있고,
필요한 정책을 올바르게 만들어 낼 수 있거든."
나는 입을 꾹 다문 채 눈만 깜빡였어. 이해가 안 됐거든.
쌤은 잠깐 생각에 잠겼다가 이렇게 말씀하셨어.
"2차 세계 대전 때 이야기를 들으면,
내 말이 어떤 의미인지 알 거야."

2차 세계 대전이 한창이던 때에
미군은 전투기를 적진에 보내 적을 물리치는 작전을 수행했어.
이때 독일군의 공격에 많은 미군 전투기가 추락하고 말았지.
임무를 마치고 돌아온 전투기도
독일군의 집중 공격에 수많은 총탄을 맞은 뒤였어.
미국 정부는 전투기의 생존율을 높이기 위한
방법을 찾아야 했어.

미군에서는 부대로 돌아온 전투기 어느 부분에
적군의 탄환이 박혔는지 조사하고 통계 냈어.
그 결과, 같은 면적 대비 가장 많은 총탄을 맞은 부위는
동체였어. 동체는 비행기의 몸체 중에서 사람과 화물을 싣는
부분이야. 미군은 동체를 더 튼튼하게 만들 계획이었어.

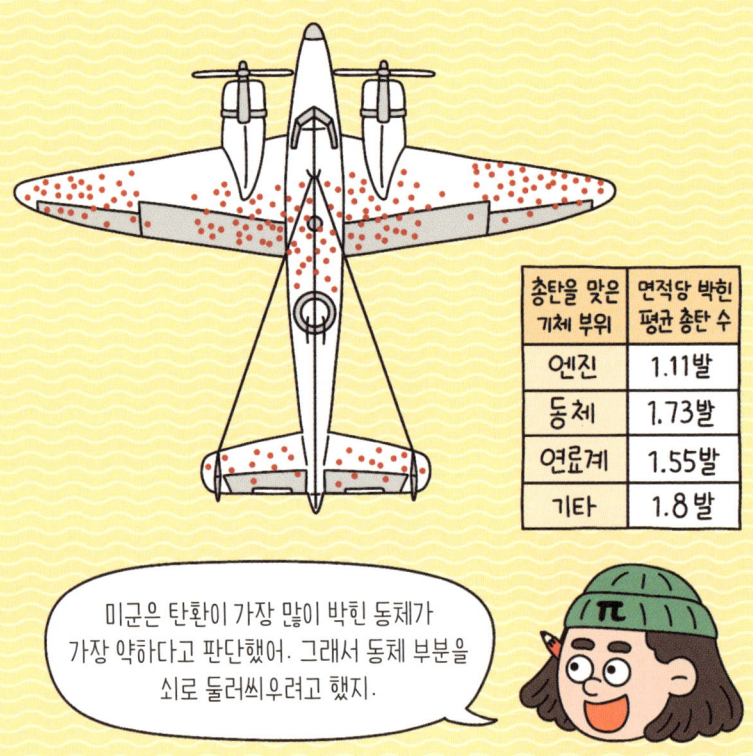

총탄을 맞은 기체 부위	면적당 박힌 평균 총탄 수
엔진	1.11발
동체	1.73발
연료계	1.55발
기타	1.8발

미군은 탄환이 가장 많이 박힌 동체가 가장 약하다고 판단했어. 그래서 동체 부분을 쇠로 둘러씌우려고 했지.

하지만 무턱대고 쇠를 둘러씌우면
동체가 너무 무거워져 전투기의 비행에 방해가 될 수 있어.
미군은 전쟁 지원 기밀 조직 'SRG(통계연구그룹)'에
동체 보강에 필요한 정확한 수치를 구해 달라고 요청했어.

그런데 수학자 아브라함 왈드는
미군과 정반대 결정을 했어.
아브라함 왈드는 먼저 **통계 해석이 잘못됐다**고 했어.
살아 돌아온 전투기에 박힌 총탄은 무엇을 의미할까?

총탄이 박혀도 살아 돌아온 건
총탄이 박힌 자리가 강한 부위였기 때문이야.
약한 부위였다면 전투기는 폭파되거나 추락했겠지!
따라서 돌아온 전투기에 총탄이 많이 박힌 부위는
약한 부위가 아니라 강한 부위인 거지.
따라서 아브라함 왈드는 총탄을 적게 맞은
엔진 부분을 보강해야 한다고 생각한 거야.

아브라함 왈드는 더 근본적으로 자료 수집이 잘못됐다고
지적했어. 전투기 보강을 위해서라면
돌아온 전투기가 아니라 폭발하거나 추락한 전투기를
조사했어야 한다는 것이었지.
하지만 그런 자료를 수집할 수 없는 상황에서
아브라함 왈드는 가지고 있는 자료와 통계를 해석해
가장 알맞은 해결 방법을 제시한 거야.
그 덕분에 이후 많은 미군 전투기가 무사히 돌아왔고,
이는 2차 세계 대전에서 승리하는 중요한 발판이 되었다고 해.

한마디로 확실한 판단을
하려면 알맞은 자료를 수집해야
하고, 더불어 통계를 정확하게
해석해야 한다는 말씀?

맞아! 그걸 아는 사람이
정책을 수립해야 전쟁도 승리하고,
나라도 발전할 수 있는 거야.

교과 연계가 궁금해요

목차	파이쌤이 알려 주마!	교과 연계
1. 우리 동네 캡틴의 무기는?	방패를 원 모양으로 만든 이유	3학년 2학기 원 6학년 2학기 원의 넓이
2. 멍 때리기 대회 준비하다 로마까지?	로마 군단과 60진법	5학년 1학기 약수와 배수
3. 어마어마한 배를 바다로 옮기려면?	지레와 반비례	6학년 1학기 비와 비율 중학교 1학년 좌표평면과 그래프
4. 이순신 장군 동상의 높이는?	삼각형의 닮음을 이용한 대포	중학교 2학년 도형의 닮음
5. 과일 가게 사장님의 수박 쌓기 비법	케플러의 추측과 대포알 쌓기, 규칙성	4학년 1학기 규칙 찾기 5학년 1학기 규칙과 대응
6. 나폴레옹이 수학 천재라고?	포탄 궤적과 이차함수 그래프	6학년 1학기 여러 가지 그래프 중학교 3학년 이차함수
7. 누가 진짜 나이팅게일이야?	통계의 중요성	2학년 2학기 표와 그래프 3학년 2학기 자료의 정리 4학년 1학기 막대그래프 5학년 2학기 평균과 가능성 6학년 1학기 여러 가지 그래프
8. '에이'와 '에~~~~~~이'의 차이	수학과 부호의 관계	5학년 1학기 규칙과 대응
9. 우리 집 비밀번호	암호와 전쟁, 함수	6학년 1학기 여러 가지 그래프 중학교 2학년 일차함수
10. 통계는 왜 내는 거야?	전투기와 통계	3학년 2학기 자료의 정리 6학년 1학기 여러 가지 그래프 중학교 3학년 상관관계

파이쌤이 알려 주마 — 용어가 궁금해요

왜구 (36쪽)

왜구는 일본에 근거지를 두고, 우리나라와 중국 연안을 약탈하고 다녔던 해적을 말해. 특히 고려 말부터 조선 초까지 왜구들로 인한 피해가 심했지. 그런데 이들이 일본을 다스리던 장군들의 지휘 아래로 들어가 일본의 수군이 되기도 했어. 그래서 조선 사람들이 일본을 왜구라고 부르기도 한 거야.

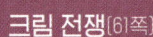

크림 전쟁 (61쪽)

크림반도는 흑해에 있어. 오늘날 러시아와 우크라이나 사이 말이야. 이 크림반도를 두고, 러시아와 영국, 프랑스, 튀르키예가 1853년부터 1856년까지 전쟁을 벌였어. 이 전쟁이 크림 전쟁이야. 지금도 크림반도를 두고 러시아와 우크라이나가 싸우고 있어.

전신기 (69쪽)

전신기는 전기 신호를 이용해 정보를 주고받는 기계야. 전신기의 스위치를 누르면 전류가 흐르는데, 이 신호가 다른 전신기로 전해지는 거지. 신호를 받은 사람은 '삑', '삐-익' 같은 소리로 정보를 전달 받아. 처음엔 유선 전신기를 사용했지만, 나중에는 무선 전신기가 개발됐어.